HALLO

und herzlich willkommen. Wir freuen uns, dass du dich für unsere weihnachtliche Rezeptsammlung entschieden hast. Darin präsentieren wir dir unsere Lieblingsgerichte für die Advents- und Weihnachtszeit: Neben leckeren Ideen für Vor- und Hauptspeisen findest du jede Menge Tipps für heiße Getränke und beliebte Plätzchen-Klassiker aus unserer bayerischen Heimat. Einer unserer persönlichen Favoriten sind die mürben Vanillekipferl – die backen wir jedes Jahr!

Möchtest du deine Liebsten mit kulinarischen Köstlichkeiten verwöhnen? Dann laden wir dich herzlich ein, unsere einfachen, blitzschnellen Rezepte auszuprobieren. Sie sind für den Thermomix® geeignet und funktionieren mit allen Modellen von TM21 bis TM6. Lass uns gerne wissen, wie es dir und deiner Familie geschmeckt hat. Wir freuen uns sehr über dein Feedback per Mail, auf Facebook oder YouTube!

Nun wünschen wir dir viel Spaß beim Nachkochen und -backen – und natürlich eine besinnliche, entspannte Weihnachtszeit.

Gewürz & Tee Manufaktur
www.lucoma.de

DIE KÖCHINNEN

MARTINA FRIES

Kochen und Grillen sind für mich ein wunderbarer Ausgleich zu meiner Arbeit als psychologisch-technische Assistentin und meinem Alltag mit meinem wundervollen Sohn. Hierbei kann ich mich nicht nur entspannen, sondern meine Ideen in die Tat umsetzen. In meiner Freizeit schreibe ich Rezepte und Berichte für den Foodblog Bratgut.com – es macht mir Spaß, Neues auszuprobieren und andere an meinen Ideen teilhaben zu lassen. Habe bereits als Kind immer schon gerne gekocht und durfte das, was ich von meinen Großeltern gelernt habe, während meiner Ausbildung zur staatlich examinierten Diätassistentin weiter vertiefen. Weihnachten bedeutet für mich, Zeit mit meiner Familie zu verbringen und dabei darf natürlich leckeres Essen nicht fehlen. Ich liebe es, wenn die ganze Familie bei uns am Tisch sitzt und ich für alle was Feines kochen und auch grillen darf. Genau dann, wenn alle satt und zufrieden sind, ist Weihnachten für mich perfekt.

@martina.fries1984
Martina.Fries@hotmail.com
www.bratgut.com

DANIELA GRUBER

Ich komme aus einem kleinen bayerischen Ort nahe Altötting und war als kleines Kind schon ein Feinschmecker. In all den Jahren habe ich mir durch viel Praxis, Unmengen an Büchern und Kochsendungen, Kursen und nicht zuletzt Tipps und Tricks von Vorbildern die Kochkunst selbst angeeignet. Meine Mentoren waren nicht nur prominente Köche, sondern auch ganz „normale Menschen", wie meine (Ur-)Oma und Eltern – eben bodenständige Leute, die gutes Essen zu schätzen wissen. Ein paar der alten Familienrezepte befinden sich nun auch in diesem Kochbuch. Ich habe das Glück, dass ich mit professionellen Köchen befreundet bin, die mir ab und zu ihre Küchengeheimnisse verraten. Vorallem zur Weihnachtszeit verwöhne ich meine Lieben mit besonderen Rezepten und wenn sich meine Gäste nach einem Essen satt, zufrieden und mit einem Strahlen in den Augen zurücklehnen, ist meine Mission gelungen.

soulfood_by_dani@web.de

CONNY JOLITZ

Wenn du dir meine Videos anguckst, siehst du, dass es in meiner Küche manchmal ein wenig chaotisch zugeht. Aber das bin eben ich! Doch an Weihnachten soll natürlich alles perfekt sein. In unserer Familie verläuft das Fest im Großen und Ganzen jedes Jahr gleich: Ich gehe mit den Kindern in die Kirche, danach spielt mein Mann Akkordeon und am Christbaum brennen neben roten Äpfeln statt klassischen Kugeln echte Kerzen. Nach Raclette und Fondue am Heiligen Abend gibt es am ersten Weihnachtsfeiertag bei uns ein richtiges Festessen: Geflügelbraten mit Semmelknödeln und Blaukraut – die Rezepte dafür findest du selbstverständlich in diesem Magazin! Zu den Klassikern, die ich jedes Jahr im Advent zubereite, gehören auch meine Knusperberge: Einfach im Thermomix® bei 50° C Schokolade schmelzen, Mandelstifte und Cornflakes hineinrühren, kleine Häufchen auf Backpapier setzen, trocknen lassen – fertig!

@missmixxi

Miss Mixxi

@Conny Jolitz - Miss Mixxi zaubert

missmixxi@web.de

www.stoneware-münchen.de

FRANZISKA RAUSCHEDER

Ich bin Franziska, Geschäftsleiterin der Firma Lucoma-Gewürzmanufaktur. Bei uns kann man natürliche, unbehandelte Gewürze ohne Hefen oder Geschmacksverstärker bestellen - ideal für Allergiker. Mein Mann ist Metzgermeister und Produkt-Entwickler und gemeinsam haben wir Gewürze für den Thermomix® entwickelt, damit jeder seine Wurstwaren selbst herstellen kann. Unsere Rezepte findest du auf Cookidoo. Ein Beispiel ist unsere Tafelspitzsülze hier in diesem Magazin. Auch sind wir seit diesem Jahr offizieller Partner von Vorwerk Thermomix® Österreich. An Weihnachten sitze ich gern am Kamin und lese meinen Enkeln Weihnachtsgeschichten vor, während mein Mann die Ente zubereitet.

lucomagewuerzmanufaktur

Lucoma – Gewürze mit Geschmack

@Lucoma- Gewürze mit Geschmack Wurst und mehr – genießen mit Lucoma

info@lucoma.de

www.lucoma.de

INHALT

RAFFINIERTE VORSPEISEN

FESTLICHE HAUPTGERICHTE

BELIEBTE BEILAGEN

VERFÜHRERISCHE DESSERTS

WEIHNACHTLICHES GEBÄCK

HEIẞE GETRÄNKE

KULINARISCHE GESCHENKE

RAFFINIERTE VORSPEISEN

JEDES FESTMENÜ BEGINNT MIT EINER FEINEN VORSPEISE. HEISSE SUPPEN WÄRMEN DEN MAGEN UND MACHEN LUST AUF MEHR. ABER AUCH KALTE VORSPEISEN REGEN DEN APPETIT AN. ALLERDINGS SOLLTEN DIE PORTIONEN NICHT ALLZU ÜPPIG AUSFALLEN – SCHLIESSLICH FOLGEN DANACH NOCH MINDESTENS ZWEI WEITERE GÄNGE! PRO PERSON KANNST DU MIT MAXIMAL 300 GRAMM SUPPE ODER 80 BIS 100 GRAMM FLEISCH ALS VORSPEISE KALKULIEREN.

MEIN TIPP: STIMME DIE VORSPEISE AUF DEN HAUPTGANG AB – BEISPIELSWEISE INDEM DU FÜR BEIDES ÄHNLICHE GEWÜRZE BENUTZT. LIEBEVOLLE DEKO WIE FRISCHE PETERSILIE ODER EINIGE BLÄTTER KNACKIGER SALAT MACHT DEINE VORSPEISE ZUM HINGUCKER!

ALTBAYERISCHE BROTSUPPE

LEICHT | 4 | 25 MIN

ZUTATEN:

2 große Gemüsezwiebeln
50 g Butterschmalz
2 TL getr. Gemüsemischung
1 EL Puderzucker
2 TL Salz
500 g Rinderbrühe oder Gemüsebrühe
500 g Bier
Salz, Pfeffer nach Geschmack
1 Scheibe Brot p. P.

1 Die geschälte und in Ringe oder Streifen geschnittene Zwiebel in den Mixtopf geben, Butterschmalz, getrocknetes Gemüse und den Puderzucker zufügen und für **3 Min/Varoma/Stufe 1,5** anschwitzen.

2 Die restlichen Zutaten bis auf das Brot zugeben und für **20 Min/100°C/Stufe 1,5/ Linkslauf** köcheln lassen. Danach mit Salz und Pfeffer abschmecken.

3 In der Zwischenzeit Brot toasten oder in der Pfanne anrösten, in Würfel schneiden und in die fertige Suppe geben.

FESTLICHE MARONENCREMESUPPE

LEICHT | 4 | 25 MIN

ZUTATEN:

1 Zwiebel
30 g Butter
400 g Maronen (gegart und geschält)
800 g Gemüsefond
350 g Sahne
½-1 TL Weihnachtsgewürzmischung von Lucoma
2 TL Salz
Pfeffer nach Geschmack

1 Die geschälte Zwiebel in den Mixtopf geben und **5 Sek/Stufe 5** zerkleinern. Die Butter zufügen und **3 Min/Varoma/ Stufe 1,5** anschwitzen.

2 Die Maronen zugeben und mit dem Gemüsefond aufgießen. Für **30 Min/100°C/Stufe 1,5** köcheln lassen.

3 Die Suppe **30 Sek/Stufe 10** pürieren und die Sahne zugeben und unterrühren. Mit den Gewürzen abschmecken und dann genießen.

G'SELCHTE SUPPE

LEICHT | 4 | 80 MIN

ZUTATEN:

1 *Karotte*

½ Stange *Lauch*

1 kleines Stück *Sellerie*

1 Stück *geräucherter Bauchspeck*

1000 g *Wasser*

1 Handvoll *Petersilie*

Salz und Pfeffer nach Geschmack

1 *Scheibe Brot p. P.*

1 Das gesamte Gemüse waschen und schälen und in grobe Stücke geschnitten in das Garkörbchen geben.

2 Das Geräucherte in den Mixtopf geben und mit Wasser bedecken.

3 Für **70 Min/100°C/Stufe 1/Linkslauf** kochen.

4 Das Gemüse zur Seite legen und ggf. die Suppe durch ein Sieb gießen. Mit Salz und Pfeffer abschmecken. Fleisch und Gemüse in Stücke schneiden und in die Suppe geben. Mit Petersilie bestreuen.

TIPP:

Salze die Suppe erst, wenn sie fertig gekocht ist. Manchmal ist gar kein Salz nötig, da das Geräucherte schon sehr salzhaltig ist. Als Suppeneinlage passen beispielsweise kleine Speckknödel (siehe Rezept S. 37), Grießnockerl, Pfannkuchenstreifen, Bratnockerl usw.

Besitzt du den Wundercap? Den könntest du hier gut verwenden und die doppelte Menge an Suppe zubereiten.

GÄNSELEBERPARFAIT

Für diesen locker-fluffigen Aufstrich kannst du so wie ich Gänseleber verwenden. Es wird aber auch sehr lecker mit Entenleber, Hühnchenleber, Putenleber. Wer es noch kräftiger möchte, kann auch Kalbsleber verarbeiten. Für die rosige Farbe ist in diesem Rezept Nitritpökelsalz verwendet worden. Wer das nicht möchte, kann das Nitritpökelsalz einfach durch Meersalz ersetzen.

LEICHT 5 45 MIN

ZUTATEN:

1 *Zwiebel*
1 *große Knoblauchzehe*
250 g *Gänseleber*
1 *Ei*
1 *Eigelb*
3 EL *Portwein*
100 g *flüssige Butter*
40 g *Olivenöl*
5 g *Nitritpökelsalz*
1 EL *Enten- / Gänsegewürzmischung*
Zitronenpfeffer nach Geschmack
5 *kleine Einweckgläser (à 165 ml)*

1 Zwiebel und Knoblauch schälen und in eine kleine Schüssel geben. Mit kochendem Wasser übergießen und ein paar Minuten im Wasser ziehen lassen. (Das ist sehr wichtig weil die ätherischen Öle der Zwiebel das Eiweiß der Leber zerstören und das Parfait sonst nicht fest wird! Durch das Blanchieren wird dies neutralisiert).

2 Leber putzen und in grobe Stücke schneiden.

3 Leber, Ei und Eigelb in den Mixtopf geben. **6 Sek/Stufe 10** mixen.

4 Auf **Stufe 4** laufen lassen. Über die Deckelöffnung den Portwein zugeben. Dann die flüssige Butter in einem dünnen Strahl einlaufen lassen. Das Olivenöl ebenfalls langsam zugeben. Nun Nitritpökelsalz, Enten-/Gänsegewürzmischung sowie Zitronenpfeffer hinzufügen. Deckelöffnung schließen und noch mal **5 Sek/Stufe 10** mixen.

5 Die Lebermasse in die Einweckgläser füllen und verschließen. Den Mixtopf reinigen. 1 Liter Wasser in den Mixtopf geben und **7 Min/Varoma** einstellen.

6 Den Varoma aufsetzen, die Gläser hineinstellen und **20 Min/Varoma** garen.

7 Nach der Garzeit den Varoma abnehmen, die Gläser auf Zimmertemperatur abkühlen lassen und dann in den Kühlschrank stellen.

TAFELSPITZSÜLZE

LEICHT 650 G 25 MIN

ZUTATEN:

400 g *Tafelspitzbraten*
(aus Resten vom Tafelspitz)
1 *Zwiebel*
1 *Karotte*
30 g *Essiggurke*
1 *Compound für Sülzwurst von Lucoma*
200 g *Wasser*
2–3 *Esslöffel Essig*
Meerrettich gerieben, nach Geschmack
zusätzlich 3 Einmachgläser
(à 290 ml Fassungsvermögen)

1 Das Rindfleisch vom Tafelspitz in kleine Würfel oder Streifen schneiden. Die Essiggurken, die Zwiebel und die Karotte in der Zwischenzeit in sehr feine Würfel schneiden.

2 Den Compound für Sülzwurst, das Wasser, den Essig, die klein gewürfelte Zwiebel, Karotte und Essiggurke und ggf. den geriebenen Meerrettich in den Mixtopf geben und **2 Min/85°C/Sanftrührstufe** untermischen.

3 Die fertige Masse noch mal mit Hilfe des Spatels ein wenig mischen.

4 Jetzt in heiß ausgespülte Einmachgläser füllen, mit Gummi, Klammern und Deckel verschließen und in den Aroma stellen.

5 Den Mixtopf mit HEISSEM Wasser spülen (wegen der Gelatine).

6 1 Liter Wasser in den gereinigten Mixtopf geben und **7 Min/100°C/Stufe 1** aufkochen lassen. Den Varoma aufsetzen und die geschlossenen Gläser **16 Min/Varoma/Stufe 1** garen.

TIPP:

Du kannst auch nur Gemüse verwenden, dann hast du eine Gemüsesülze. Als Einlage in Sülzwurst eignet sich alles, was dir schmeckt. Von Blumenkohl über Brokkoli, Pilze, Geflügelfleisch, Wild und Schweinefleisch, Rindfleisch (sollte aber mindestens 1 Stunde gegart worden sein bei Punkt 2), Lauch, Sellerie, Paprika, diverse Kräuter usw. Den Wurstcompound erhältst du unter www.lucoma.de

FESTLICHE HAUPTGERICHTE

AN WEIHNACHTEN FÄLLT DIE HAUPTSPEISE GERNE ETWAS ÜPPIGER AUS ALS SONST. IN MEINER HEIMAT BAYERN DÜRFEN AN DEN FESTTAGEN FLEISCHGERICHTE WIE GEFÜLLTE ENTE ODER BRATEN NICHT FEHLEN. UND GERADE WEIL ES SOLCHE LECKEREIEN NICHT JEDEN TAG ZU ESSEN GIBT, ACHTE ICH BESONDERS AUF DIE FLEISCHQUALITÄT. AM LIEBSTEN KAUFE ICH BEIM METZGER MEINES VERTRAUENS EIN UND WÄHLE FLEISCH IN BIO-QUALITÄT.

ZU GROSSZÜGIG KALKULIERT? KEIN PROBLEM! AUS DEN RESTEN KANNST DU KALTEN BRATEN ODER LECKERE SANDWICHES MACHEN. AUCH ALS TOPPING FÜR EINEN GESUNDEN SALAT EIGNEN SICH DIE ÜBRIG GEBLIEBENEN FLEISCHSTÜCKE BESTENS!

GEFÜLLTE ENTE

MITTEL | 4 | 4 H

ZUTATEN:

1 *Ente (ohne Innereien) bis 2,3 kg*
20 g + 1 EL *Öl*
2 EL *Entengewürz*
1 *Zwiebel*
1 *große Karotte*
1 EL *gefriergetrocknetes Suppengemüse, alternativ TK-Suppengemüse*
200 g *Rotwein*
1000 g *Wasser*
1 EL *Gemüsebrühe gekörnt*
Salz
Pfeffer
1 Glas *Entenfond*

Füllung für die Ente:
siehe Rezept Semmelknödel (Seite 37)

Zutaten für die Sauce:
Bratensaft, der sich aus der Ente gebraten hat
1 Prise *brauner Zucker*
100 g *Rotwein*
100 g *Sahne*
½ Orange, ausgepresst
2 TL *brauner Saucenbinder oder* ***2 TL*** *Mehl*
Salz
Pfeffer

TIPP:

Ganz wichtig ist, dass man die Sauce, die sich im Ofenzauberer oder auf dem Blech befindet, immer wieder mit einem Pinsel vom Rand ablöst und gut verrührt, damit nichts anbrennt. Sonst wird die Sauce bitter und die Gewürze verbrennen. Wenn zu viel verdampft, kann auch noch mal mit Flüssigkeit aufgefüllt werden. Statt fertigem Saucenbinder kann man auch ein selbstgemachtes „Mehldoagal" verwenden. Das ist ein flüssiger „Teig" aus Wasser und Mehl, den man verrührt, bis keine Klumpen mehr sichtbar sind, unter ständigem Rühren in die Sauce einrührt und dann einige Minuten aufkochen lässt. Das bindet die Sauce und macht sie schön sämig.

1. Die geputzte und gewaschene Ente innen und außen salzen und pfeffern, dann mit dem Semmelknödelteig füllen.

2. 1 EL Öl mit den 2 EL Entengewürz vermischen und die Ente damit bepinseln und ggf. einmassieren. In den Varoma setzen.

3. Die Zwiebel und die Karotte **3 Sek/Stufe 5** grob zerkleinern, 1 EL gefriergetrocknetes Suppengemüse, alternativ TK-Suppengemüse dazu und mit 20 g Öl für **2 Min/100°C/Stufe 2** anbraten.

4. Zu dieser Masse das Wasser, den Rotwein und die Gemüsebrühe geben. Varoma auf den Deckel aufsetzen und verschließen.

5. Alles für **120 Min/Varoma/Stufe 2** dämpfen.

6. Ente aus dem Varoma entnehmen und auf ein Gitterrost in den auf 150°C (Umluft) vorgeheizten Ofen setzen. Pro Kilo Ente rechnet man 1 Stunde Garzeit.

7. Die Flüssigkeit nebst den Gewürzen, die sich im Varoma gesammelt hat, zusammen mit 1 Glas Entenfond auf ein Backblech geben und dieses 1 Etage unterhalb der Ente im Backofen einschieben, damit die herabtropfende Flüssigkeit aufgefangen wird.

8. Die Ente nun für ca. 2 Stunden bei 150°C auf Umluft garen. Danach den Ofen auf 200°C und Grill hochheizen und bis zur gewünschten Bräune grillen.

9. Den Bratensaft vorsichtig vom Backblech in den Mixtopf füllen und alles für **10 Sek/Stufe 10** zerkleinern und mischen.

10. Danach 1 Prise braunen Zucker, den Rotwein, die Sahne, den Saft einer halben Orange dazugeben.

11. 2 TL braunen Saucenbinder (oder 2 TL Mehl) mit Wasser glatt rühren und zur Sauce geben. Für **3 Min/100°C/Stufe 3** erhitzen und ggf. mit Salz und Pfeffer abschmecken.

GEFÜLLTER SCHWEINEBAUCH (WAMMERL)

LEICHT 4 3 H

ZUTATEN:

***1 Stück** Schweinebauch (ca. 1,5 bis 2 kg)*
***2 EL** Schweinebratengewürz (Xarre)*
Salz
Pfeffer
***2** Zwiebeln*
***1** Knoblauchzehe*
***1 Stück** Sellerie*
***30 g** Butter*
***375 g** Weißbier dunkel*
***2 TL** Paprika edelsüß*
***1** große Karotte*
***1 Stück** Lauch*
***250 g** Wasser*
***1 Prise** Zucker*
Sahne nach Bedarf

Füllung für den Schweinebauch:
siehe Rezept Semmelknödel (Seite 37)

1 Den Schweinebauch außen mit dem Schweinebratengewürz einreiben. Innen und außen salzen und pfeffern, dann mit dem Semmelknödelteig füllen.

2 Die Zwiebeln, die Knoblauchzehe und den Sellerie in den Mixtopf geben und **5 Sek/Stufe 5** zerkleinern.

3 Die Butter dazugeben und für **2 Min/100°C/Stufe 2** anbraten.

4 Zu dieser Masse 250 ml dunkles Weißbier in den Mixtopf füllen, sowie 3 TL Salz und 2 TL Paprika edelsüß.

5 Den Mixtopf schließen und den Varoma aufsetzen. Das Fleisch, die Karotte und den Lauch (in groben Stücken) in den Varoma setzen und alles für **60 Min/Varoma/Stufe 1,5** dämpfen.

6 Nach den 60 Minuten 125 ml Weißbier und 250 ml Wasser nachgießen und nochmals für **60 Min/Varoma/Stufe 1,5** dämpfen.

7 Danach das Fleisch in eine feuerfeste Form setzen und für 60 Minuten in den vorgeheizten Ofen bei 150°C Ober-/Unterhitze setzen. Danach den Ofen auf maximale Stufe hochheizen und (wenn möglich mit Grillfunktion) bis zur gewünschten Bräune und Knusprigkeit der Schwarte fertig grillen (Sichtkontakt).

8 Die Gemüse (ggf. nur zum Teil) aus dem Varoma mit in den Mixtopf geben und für **30 Sek/Stufe 10** pürieren. Man kann nun die Sauce entweder mit Saucenbinder oder „Mehldoagal" (siehe Tipp) abbinden oder mit Sahne nach Geschmack verfeinern. Mit Salz, Pfeffer, einer Prise Zucker und ggf. noch etwas vom Lucoma-Gewürz Xarre abschmecken.

TIPP:

Lass dir bereits beim Metzger eine Tasche in den Schweinebauch schneiden. Solltest du die Sauce noch binden müssen, kannst du statt fertigem Saucenbinder auch selbst ein „Mehldoagal" machen. Das ist ein flüssiger „Teig" aus Wasser und Mehl, den man verrührt, bis keine Klumpen mehr sichtbar sind, unter ständigem Rühren in die Sauce einrührt und dann einige Minuten aufkochen lässt. Das bindet die Sauce und macht sie schön sämig.

TAFELSPITZ MIT MEERRETTICHSAUCE

MITTEL | 4 | 2,5 H

ZUTATEN:

***1 kg** Tafelspitz vom Rind*
***1500 g** Wasser*
***2 EL** gekörnte Brühe*
***1 TL** Salz*
***1 kleines Stück** Sellerie*
***2** Karotten*
½ Lauchstange
Salz und Pfeffer
***50 g** Butter*
***2 EL** Mehl*
***2-5 TL** Sahnemeerrettich oder frischer Meerrettich*
***200 g** Sahne*

1 Den Tafelspitz parieren, salzen und pfeffern und in den Varoma legen. Das Wasser, die gekörnte Brühe und das Salz in den Mixtopf geben, das Gemüse in das Garkörbchen setzen und den Varoma aufsetzen. **60 Min/Varoma** garen.

2 Die Flüssigkeit kontrollieren und ggf. auffüllen. Nochmals **60 Min/Varoma** garen.

3 Den Varoma abnehmen und den Garkorb aus dem Mixtopf nehmen. Fleisch zur Seite stellen und warm halten (z. B. im Backofen bei 50°C).

4 Die Flüssigkeit aus dem Mixtopf auffangen, ggf. durchsieben und zur Seite stellen.

5 Butter im Mixtopf für **2 Min/60°C/Stufe 2** schmelzen. Dann 2 EL Mehl dazugeben und noch mal **2 Min/60°C/Stufe 2** verrühren.

6 2–5 TL Sahnemeerrettich (oder frischen Meerrettich) zufügen, die Sahne aufgießen und 400 ml von der zur Seite gestellten Flüssigkeit aufgießen. Für **4 Min/90°C/Stufe 2** aufkochen und mit Salz und Pfeffer abschmecken.

TIPP:

Beim Gemüse kann man auch sehr gut auf das bereits gemischte und abgepackte Suppengemüse zurückgreifen. Lecker schmecken auch Petersilienwurzel oder Pastinaken. Bei der Mengenangabe kannst du variieren. Frischer Meerrettich macht die Sauce geschmacksintensiver. Dabei aber vorsichtig an die Menge herantasten, da frisch geriebener Meerrettich sehr scharf sein kann.

BELIEBTE BEILAGEN

WAS WÄREN BRATEN UND CO. OHNE DIE PASSENDEN BEILAGEN? IN BAYERN GIBT'S ZU GEFLÜGEL, SCHWEIN UND RIND GERNE KNÖDEL IN VERSCHIEDENEN VARIATIONEN. KRAUT UND SPÄTZLE SIND ABER MINDESTENS GENAUSO BELIEBT! DA KNÖDEL UND SPÄTZLE BESONDERS GUT ZU DEFTIGER BRATENSAUCE PASSEN, STELLE ICH DIE SAUCE GERNE IN EINER HÜBSCHEN SAUCIERE AUF DEN TISCH – DANN KANN SICH JEDER NACH HERZENSLUST NACHNEHMEN!

KNÖDELRESTE BITTE AUF KEINEN FALL WEGWERFEN! SIE LASSEN SICH AM NÄCHSTEN TAG KLEIN SCHNEIDEN UND MIT GEHACKTEN ZWIEBELN IN DER PFANNE ANBRÄUNEN. BRATENRESTE DAZU, SPIEGELEI DRÜBER – FERTIG IST EIN FEINES GRÖSTL!

BAYERISCHES BAUERNBROT

LEICHT | 1 | 2 H

ZUTATEN:

***20 g** frische Hefe*
***30 g** Zuckerrübensirup*
***430 g** Wasser*
***500 g** Weizenmehl, Type 550*
***120 g** Dinkelmehl, Type 1050*
***80 g** Roggenmehl, Type 1150*
***20 g** Öl (neutral)*
***1 TL** Backmalz (falls vorhanden)*
***20 g** Salz*
***25 g** Brotgewürz*

1 Die Hefe mit dem Zuckerrübensirup im Wasser im Mixtopf **2 Min/37°C/ Stufe 1,5** auflösen.

2 Dann die restlichen Zutaten in den Mixtopf dazugeben. Alles für **5 Min/Knetstufe** verkneten.

3 Den Teig in eine bemehlte Schüssel geben, mit etwas Mehl bestäuben und an einem warmen Ort 1 Stunde gehen lassen.

4 Danach den Teig auf eine bemehlte Fläche geben, zehn Mal falten, zu einem Laib formen und in eine mit Mehl bestäubte Brotbackform geben. Oberfläche tief einschneiden.

5 Den Deckel auf die Form setzen und in dem noch kalten Ofen bei 240°C 55 Minuten backen.

BAYERISCHES GARTENKRÄUTERBROT

LEICHT | 1 | 2 H

ZUTATEN:

***20 g** frische Hefe*
***1 TL** Zucker*
***520 g** Wasser*
***500 g** Dinkelmehl, Type 1050*
***200 g** Roggenmehl, Type 1150*
***50 g** Weizenmehl, Type 550*
***1 TL** Backmalz (falls vorhanden)*
***25 g** Salz*
getrocknete Gartenkräuter

Zum Brotbacken benütze ich den Ofenmeister von Pampered Chef, da er mit dem Deckel ein wunderbares Steinofenklima erzeugt und man nicht zu schwaden braucht, um eine tolle Kruste zu erhalten.

1 Die Hefe mit dem Wasser und dem Zucker im Mixtopf auflösen und **2 Min/37°C/ Stufe 1,5** erwärmen.

2 Dann die restlichen Zutaten in den Mixtopf dazugeben und **5 Min/Knetstufe** verkneten.

3 Den Teig in eine bemehlte Schüssel geben, mit etwas Mehl bestäuben und an einem warmen Ort 1 Stunde gehen lassen.

4 Danach den Teig auf eine bemehlte Fläche geben, zehn Mal falten, zu einem Laib formen und in eine mit Mehl bestäubte Brotform geben. Oben einschneiden

5 Den Deckel auf die Form setzen und in dem nicht vorgeheizten Ofen bei 240°C 55 Minuten backen.

HAUBERLINGE

MITTEL | 8 | 60 MIN

ZUTATEN:

***1 Packung** Backpulver*
***750 g** dunkles Bier*
***1 Würfel** frische Hefe*
***500 g** Weizenmehl, Type 550*
***250 g** Roggenmehl, Type 1150*
***2 EL** Schnittlauch*
***2 TL** Salz*
Kümmel nach Geschmack (gemahlen oder ganz)
***800 g** Butterschmalz*

1 Das Backpulver und 250 ml dunkles Bier in den Mixtopf geben, den Würfel Hefe hinein bröseln. Das Ganze **2 Min/37°C/Stufe 1** erhitzen.

2 Dann beide Mehlsorten, 500 ml dunkles Bier, Schnittlauch, Salz und Kümmel (nach Geschmack) in den Mixtopf geben. Alles für **4 Min/Knetstufe** verkneten.

3 Den Teig in eine Schüssel geben, mit einem sauberen Geschirrtuch bedecken und an einem warmen Ort 30 Minuten gehen lassen.

4 Währenddessen ca. 800 g Butterschmalz in einer hohen Pfanne oder einem Topf erhitzen.

5 Mit einem ins heiße Fett getauchten Teelöffel kleine Portionen vom Teig abtrennen und in das siedende Fett zum Ausbacken geben, bis sie goldbraun sind.

TIPP:

Ob das Fett zum Ausbacken heiß genug ist, testest du ganz einfach mit dem Stiel eines Holzlöffels. Bilden sich beim Hineinhalten Bläschen um den Stiel, hat das Fett die richtige Temperatur. Hauberlinge sieht man oft als „Zeile", also in Form von einigen aneinanderhängenden Teigkugeln. Dazu tauchst du einen Teelöffel ins heiße Öl, stichst etwas Teig ab und setzt diesen mithilfe eines zweiten Teelöffels ins Öl. Nun muss man zügig arbeiten und sofort eine zweite Teigportion auf die erste im schwimmenden Fett setzen. So verfährt man, bis man ca. vier Kugeln an einer Kette hat.

BLAUKRAUT

LEICHT | 4 | 60 MIN

ZUTATEN:

***500 g** Rotkohl*
***2** Zwiebeln*
***2** Äpfel, geschält und geviertelt*
***60 g** Schmalz (Gänseschmalz/Entenschmalz, wenn möglich)*
***1 TL** Salz*
***30 g** Zucker*
***150 g** Rotwein*
***1 EL** dunkler Balsamico-Essig*
***150 g** Marsala-Wein*
***20 g** Honig*
***1** Zitrone (Saft ausgepresst)*
***2** Orangen (Saft ausgepresst)*
***1 EL** Gemüsebrühe*
***60 g** Preiselbeeren oder Johannisbeergelee*

1 Vom Kohl die äußeren Blätter entfernen und vierteln. Den Strunk entfernen und dann in grobe Stücke zerkleinern. Im Mixtopf mit den Zwiebeln und Äpfeln ca. **4 Sek/Stufe 5** zerkleinern.

2 Das Schmalz mit in den Mixtopf geben und **6 Min/100°C/Stufe 2/Linkslauf** andünsten

3 Die restlichen Zutaten (bis auf die Preiselbeeren) zugeben und **40 Min/100°C/Stufe 1/Linkslauf** kochen.

4 Am Schluss die Preiselbeeren **5 Sek/Linkslauf** unterrühren.

MÜLLER OMAS HEFEKNÖDEL

LEICHT | 8 | 140 MIN

ZUTATEN:

***250 g** Milch*
***1 Würfel** frische Hefe*
***1 TL** Zucker*
***500 g** Mehl*
***1 TL** Salz*

1 Die Milch in den Mixtopf geben und die Hefe mit dem Zucker darin **3 Min/37°C/Stufe 1,5** auflösen.

2 500 g Mehl mit Salz den Mixtopf geben und alles **3 Min/Knetstufe** verkneten.

3 Den Teig in eine Schüssel geben, abdecken und 1 Stunde gehen lassen.

4 Aus dem Teig acht möglichst glatte Knödel formen (dazu kann man die Hände auch leicht anfeuchten) und auf den gefetteten Varoma und Varomaeinlegeboden setzen und noch einmal 30 Minuten an einem warmen Ort gehen lassen.

5 1 Liter Wasser in den sauberen Mixtopf füllen, den Varoma aufsetzen und die Hefeknödel **20 Min/Varoma/Stufe 2** dämpfen.

TIPP:

Solltest du keinen warmen Platz im Haus finden, kannst du den Teig auch im Backofen bei 30 - 40°C gehen lassen. Die Knödel am besten sofort heiß servieren. Traditionell werden Hefeknödel nicht geschnitten, sondern mit zwei Gabeln aufgerissen, damit der Dampf entweicht. Formt man einen großen Kloß, verlängert sich die Garzeit etwas. Der große Kloß wird dann mit einem Bindfaden in Scheiben geschnitten.

KARTOFFELSTAMPF

LEICHT 4 40 MIN

ZUTATEN:

***600 g** Wasser*

***1 TL** Salz*

***400 g** Kartoffeln (mehligkochend)*

***50 g** Butter*

etwas Milch/Sahne

Salz und Pfeffer (ggf. Muskatnuss) nach Geschmack

***1 EL** Gemüsebrühe*

1. 600 g Wasser mit 1 TL Salz in den Mixtopf füllen. Die Kartoffeln waschen und schälen und in grobe Stücke geschnitten in das Garkörbchen geben.
2. Den Deckel ohne den Messbecher aufsetzen.
3. **35 Min/Varoma/Stufe 1,5** garen.
4. Das Wasser abschütten und die Kartoffeln mit der Butter, Milch/Sahne und den Gewürzen in den Mixtopf geben und **4 Sek/Stufe 5** mixen.

TIPP:
Vor dem Servieren nach Belieben mit gehackter Petersilie bestreuen.

BAYRISCH KRAUT

LEICHT | 4 | 40 MIN

ZUTATEN:

500 g *Weißkraut*
3 TL *Salz*
1 TL *Zucker*
1 *Zwiebel*
30 g *Butterschmalz*
125 g *Speckwürfel*
100 g *Apfelmus*
1 TL *Kümmel*
2 EL *Essig*

1 Vom Kohl die äußeren Blätter entfernen und dann vierteln. Den Strunk entfernen und dann in grobe Stücke zerkleinern. Im Mixtopf ca. **8 Sek/Stufe 4** zerkleinern.

2 Das Kraut in eine Schüssel geben und mit 3 TL Salz und 1 TL Zucker bestreuen und für ca. 30 Min „weinen" lassen. Zwischendurch immer wieder mit der Hand kneten, damit das Kraut weich wird. Flüssigkeit nicht weggießen!

3 Die Zwiebel schälen, halbieren und im Mixtopf für **5 Sek/Stufe 5** zerkleinern. Dann mit dem Spatel nach unten schieben, das Butterschmalz und den Speck dazugeben und für **3 Min/Varoma/Stufe 2** dünsten.

4 Das Kraut mit der Flüssigkeit und den restlichen Zutaten zu der Zwiebel und dem Speck in den Mixtopf geben. **45 Min/100°C/Stufe 1/Linkslauf** köcheln.

SPÄTZLE

LEICHT | 4 | 25 MIN

ZUTATEN:

500 g *Mehl (wenn möglich Spätzlemehl)*

170 g *Wasser (Mineralwasser)*

5 *Eier*

4 TL *Salz*

1 Alle Zutaten in den Mixtopf geben und für **4 Min/Knetstufe** verkneten.

2 Den Teig etwa 15 Minuten ruhen lassen.

3 Währenddessen Wasser in einem Topf zum Kochen bringen, Spätzlehobel, Schöpflöffel, Schaumlöffel und Sieb bereit stellen.

4 Den Spätzlehobel über das kochende Wasser auf den Topf legen, 1 Kelle voll Teig auf den Spätzlehobel geben und durch die Löcher streichen/hobeln.

5 Warten, bis die Spätzle im Wasser aufsteigen und noch ca. 1–2 Minuten kochen lassen. Dann mit dem Schaumlöffel ins Sieb abschöpfen und die Spätzle unter kaltem Wasser abschrecken. So weiter verfahren, bis der Teig verbraucht ist.

TIPP:

Salze den Teig ruhig kräftig. Durch das Abschrecken bzw. Spülen im kalten Wasser verlieren die Spätzle an Salz. Besonders lecker schmecken Spätzle, wenn man sie vor dem Servieren in Butter schwenkt. Für eine schöne gelbe Farbe kannst du etwas Kurkuma unter den Teig mischen. Spätzleteig kann man wunderbar abwandeln – zum Beispiel in Nussspätzle, Spinatspätzle, Tomatenspätzle, Quarkspätzle usw. Aus übrig gebliebenen Spätzle kann man am nächsten Tag wunderbar Käsespätzle machen.

BREZENKNÖDEL

LEICHT | 10 | 45 MIN

ZUTATEN:

***5** altbackene Brezen*

***1** Zwiebel*

Petersilie nach Geschmack

***30 g** Butter*

***325 g** Milch*

***4** Eier*

***2 TL** Salz*

etwas Fett für den Varoma und den Varoma-Einlegeboden

1 Brezen in groben Stücken in den Mixtopf geben, **8 Sek/Stufe 5** zerkleinern und umfüllen.

2 Zwiebel halbieren und (falls gewollt, mit der Petersilie) in den Mixtopf geben, ca. **6 Sek/Stufe 5** zerkleinern.

3 Butter zugeben und **4 Min/Varoma/ Stufe 1** dünsten.

4 Milch zugeben und **2 Min/60°C/Stufe 1** erwärmen.

5 Zerkleinerte Brezen, Eier und 1 ½ TL Salz zugeben und **15 Sek/Knetstufe** vermischen. Den entstandenen Teig 20 Minuten ruhen lassen.

6 Mit feuchten Händen Knödel formen und auf dem eingefetteten Varoma und Varoma-Einlegeboden verteilen.

7 Mixtopf reinigen.

8 1 Liter Wasser und ½ TL Salz in den gereinigten Mixtopf geben, Varoma aufsetzen und **35 Min/Varoma/Stufe 1,5** garen.

TIPP:

Falls die Knödel zu weich sind, etwas Paniermehl oder zerkleinertes Toastbrot untermischen. Von der Milch erst 2/3 zugeben und dann nach und nach testen, ob noch Flüssigkeit benötigt wird. Das hängt immer von der Größe der Eier und der Trockenheit der Brezen ab. Sollten die Brezen sehr trocken sein, die Milch zugeben und den Teig erst etwas ziehen lassen, bevor man prüft, ob noch Flüssigkeit fehlt.

SEMMELKNÖDEL

LEICHT | 10 | 45 MIN

ZUTATEN:

***10** altbackene Semmeln (oder geschnittenes Knödelbrot)*

***1** Zwiebel*

***½ Bund** Petersilie*

***30 g** Butter*

***400 g** Milch*

***4-5** Eier (je nach Größe)*

***2 TL** Salz*

1 Brötchen halbieren und in den Mixtopf geben, **8 Sek/Stufe 5** zerkleinern und umfüllen. Falls fertiges Knödelbrot gekauft wurde, entfällt dieser Schritt.

2 Zwiebel halbieren und mit der Petersilie in den Mixtopf geben, ca. **6 Sek/Stufe 5** zerkleinern.

3 Butter zugeben und **4 Min/Varoma/Stufe 1** dünsten.

4 Milch zugeben und **2 Min/60°C/Stufe 1** erwärmen.

5 Zerkleinerte Brötchen, Eier und 1 ½ TL Salz zugeben und mit Hilfe des Spatels **20 Sek /Linkslauf** vermischen. Den entstandenen Teig 20 Minuten ruhen lassen. Mixtopf spülen.

6 Mit feuchten Händen 10 Knödel formen und auf dem eingefetteten Varoma und Varoma-Einlegeboden verteilen.

7 Wasser und ½ TL Salz in den sauberen Mixtopf geben, verschließen, Varoma aufsetzen und **35 Min/Varoma/Stufe 1,5** garen.

TIPP:

Eine leckere Variante dieses Rezepts sind Speckknödel! Dazu einfach bei Schritt 2 noch 150 g geräucherten Speck in kleinen Würfeln dazugeben. Ggf. Salz reduzieren, da der Speck schon salzig ist. Als Suppeneinlage können auch kleine Kugeln geformt werden. Das reduziert dann die Garzeit im Varoma entsprechend.

VERFÜHRERISCHE DESSERTS

SIE SIND DER KRÖNENDE ABSCHLUSS DES MENÜS UND NICHT NUR BEI KINDERN MINDESTENS SO BELIEBT WIE DAS CHRISTKIND: WEIHNACHTLICHE DESSERTS. SIE WERDEN GERNE MIT FEINEN GEWÜRZEN WIE ZIMT ODER VANILLE ABGESCHMECKT. UND SELBST WER NACH DEM HAUPTGANG NOCH GESTÖHNT HAT: „ICH BIN PAPPSATT!“, DER GREIFT TROTZDEM ZU DESSERT-LÖFFEL ODER KUCHENGABEL, WENN HEFEKNÖDEL UND LEBKUCHENCREME SERVIERT WERDEN.

EXTRA-TIPP: VIELE DESSERTS LASSEN SICH GUT VORBEREITEN. IM KÜHLSCHRANK ODER IN DER GEFRIERTRUHE WARTEN SIE DANN GEDULDIG AUF IHREN EINSATZ – DADURCH WIRD DAS KOCHEN AN WEIHNACHTEN GLEICH VIEL ENTSPANNTER.

SCHNEEWITTCHENS WINTERTRAUM

LEICHT | 8 | 24 MIN

ZUTATEN:

800 g *Schlagsahne*
100 g *Lebkuchen mit Schokoglasur*
150 g *Kuvertüre, weiß*
45 g *Zucker*
50 g *Kirschwasser*
250 g *Mascarpone*
1 TL *Lebkuchengewürz*
200 g *Rotwein*
200 g *Marsala-Wein*
2 TL *Bratapfelgewürz*
375 g *Preiselbeeren*
n. B. Zucker
n. B. Stärkemehl

1 Die kalte Schlagsahne in den kalten Mixtopf geben und mit dem Rühraufsatz auf **Stufe 3** schlagen, bis die Sahne steif ist. Immer wieder kontrollieren, damit keine Butter aus der Sahne wird. Danach die Sahne in eine Schüssel umfüllen.

2 100 g Lebkuchen grob zerbrechen und in den sauberen und trockenen Mixtopf geben. **7 Sek/Stufe 10** zerkleinern. Zur Seite stellen.

3 150 g weiße Kuvertüre in Stücke brechen und **10 Sek/Stufe 10** zerkleinern. Mit dem Spatel nach unten schieben und für **3 Min/65°C/Stufe 2** schmelzen.

4 Zucker und das Kirschwasser zu der Masse geben. **2 Min/60°C/Stufe 2** erhitzen.

5 Mascarpone, Lebkuchengewürz, Lebkuchenbrösel zur Kuvertüremasse dazugeben und vermengen. Dann in die Schüssel mit der steif geschlagenen Sahne geben und vorsichtig unterheben.

6 Den Mixtopf säubern und 200 ml Rotwein, 200 ml Marsala, 2 TL Bratapfelgewürz sowie 375 g Preiselbeeren für **10 Sek/Stufe 10** vermischen und dann für **15 Min/70°C/Stufe 2** aufkochen.

7 Nach Bedarf Zucker zugeben und etwas Stärke in Flüssigkeit auflösen und für **3 Min/100°C/Stufe 2** andicken lassen.

8 Schichtweise in Weckgläser (à 190 ml) füllen. Kalt stellen. Vor dem Verzehr mit Mini-Lebkuchen oder Ähnlichem dekorieren.

HASENÖHRL

LEICHT | 20 | 20 MIN

ZUTATEN:

250 g *Mehl*
2 *Eier*
80 g *Butter*
50-70 g *Zucker (je nach Geschmack)*
2 EL *Cognac*
1 Prise *Salz*
3 EL *Saure Sahne*

Zum Ausbacken:
500 g *Butterschmalz*

1 Alle Zutaten in den Mixtopf geben und **2 Min/Teigstufe** verkneten.

2 Das Butterschmalz in einer tiefen Pfanne erhitzen. Den Teig auf einem mit Mehl bestäubten Brett oder einer Backmatte dünn ausrollen und in Rauten schneiden. Eine Ecke der Raute dann bis zur Mitte hin einschneiden (das gibt die Hasenohren).

3 Die Hasenöhrchen vorsichtig in das heiße Butterschmalz legen goldgelb ausbacken. (Achtung, das geht sehr schnell!)

4 Die fertigen Hasenöhrl herausnehmen und auf Küchenkrepp abtropfen lassen.

5 Das Gebäck etwas abkühlen lassen und dann mit Puderzucker bestäuben.

WEIHNACHTLICHES GEBÄCK

KNUSPRIGE KEKSE – ODER PLÄTZCHEN, WIE WIR IN BAYERN SAGEN – GEHÖREN ZU DEN KULINARISCHEN HIGHLIGHTS DER WEIHNACHTSZEIT. OB MIT SCHOKOLADE ODER MARMELADEN-FÜLLUNG, MIT PUDERZUCKER-HAUBE ODER GLÄNZENDER GLASUR: ES GIBT UNZÄHLIGE KLEINE KÖSTLICHKEITEN, DIE DEN BUNTEN TELLER SCHMÜCKEN.

DAMIT DIE PLÄTZCHEN AM HEILIGEN ABEND NOCH KNACKIG SIND, SOLLTEN SIE IN EINER FEST VERSCHLIESSBAREN BLECHDOSE AUFBEWAHRT WERDEN. LEBKUCHEN SOLLTEST DU SEPARAT LAGERN UND EINE APFELSCHEIBE IN DIE DOSE GEBEN – SO BLEIBEN SIE WEICH UND FRISCH!

KARTOFFELLEBKUCHEN

LEICHT | 30 | 40 MIN

ZUTATEN:

100 g *Mandeln*
100 g *Haselnüsse*
100 g *Erdnüsse*
500 g *gekochte Kartoffeln (durchgepresst)*
100 g *Zitronat*
100 g *Orangeat*
2 TL *Lebkuchengewürz*
3 *Eier*
Oblaten

Guss:

200 g *Vollmilch-Kuvertüre*
50 g *Sahne*
20 g *Butter*
oder
250 g *Puderzucker*
3-4 EL *Wasser*

TIPP:
Wer das Zitronat und Orangeat nicht so grob möchte, zerkleinert es vorher im Thermomix® 10 Sek/Stufe 8

1. Die Nüsse und Mandeln in den Mixtopf geben und **15 Sek/Stufe 10** mahlen
2. Die restlichen Zutaten (außer die Oblaten und für den Guss) in den Mixtopf geben und **30 Sek/Stufe 10** vermischen.
3. Backofen auf 180°C Ober-/Unterhitze vorheizen.
4. Den Teig mit Hilfe von 2 Esslöffeln auf Oblaten setzen. Dann auf einem (gefetteten) Backblech verteilen und für 20-25 Minuten bei 180°C backen.
5. Mixtopf spülen
6. Für den Guss die Kuvertüre in Stücke brechen und im Mixtopf **30 Sek/Stufe10** zerkleinern. Sahne und Butter in den Mixtopf geben und für **3 Min/65°C/Stufe2** erhitzen. Oder Puderzucker und nach und nach Wasser zu einem Zuckerguss verrühren.
7. Die fertigen Lebkuchen mit dem Guss verzieren.

MÜLLER OMAS GAUMENDRÜCKER

LEICHT | 35 | 25 MIN

ZUTATEN:

***500 g** Butter*
***115 g** Puderzucker + etwas zum Bestäuben*
***500 g** Mehl*
***15 g** Apfelstrudel-Gewürz, alternativ Zimt und Zucker*
n. B. Kakao (Teig soll dunkelbraun sein)
Johannisbeergelee zum Bestreichen

1 Alle Zutaten (bis auf das Johannisbeergelee)in den Mixtopf und **7 Min/Teigstufe** kneten lassen. Zwischendurch ggf. mit dem Spatel wieder alle Zutaten nach unten schieben und weiter kneten lassen.

2 Den Teig dünn ausrollen und in ca. 3 cm lange und 2 cm breite Rechtecke schneiden. Alternativ kann der Teig auch durch den Fleischwolf mit einem passenden Aufsatz gedrückt werden.

3 Die Plätzchen direkt auf ein mit Backpapier ausgelegtes Backblech legen und für 15 Minuten bei 160°C Umluft im vorgeheizten Ofen backen.

4 Die fertigen Plätzchen abkühlen lassen, vorsichtig mit Johannisbeergelee bestreichen, zusammenkleben und mit Puderzucker bestäuben.

SPITZBUBEN

MITTEL | 40 | 85 MIN

ZUTATEN:

100 g *Mandeln*
150 g *Puderzucker*
150 g *kalte Butter*
180 g *Mehl*
1 *Ei*
250 g *Himbeerkonfitüre*
Puderzucker zum Bestäuben

1 Mandeln **15 Sek/Stufe 10** mahlen

2 Puderzucker, Butter (in Stücken), Mehl und Ei zu den Mandeln in den Mixtopf geben **2 Min/Knetstufe.**

3 Teig in Frischhaltefolie wickeln und 1 Stunde ruhen lassen

4 Den gekühlten Plätzchenteig auf einer mit Mehl bestäubten Arbeitsfläche etwa 2 mm dick mit einem Nudelholz ausrollen.

5 Nun mit Hilfe eines Spitzbubenausstechers (ein Plätzchen mit Lochmotiv, eines ohne) kleine Kreise ausstechen.

6 Die ausgestochenen Plätzchen auf 2 bis 3 mit Backpapier ausgelegte Backbleche verteilen und nacheinander im vorgeheizten Backofen (150°C Umluft/175°C Ober-/Unterhitze) 8 bis 10 Minuten backen. Herausnehmen, abkühlen lassen.

7 Die Plätzchen ohne Loch mit Konfitüre bestreichen, dabei ca 3 mm Rand frei lassen. Die Ringe mit Puderzucker bestäuben und behutsam auf die mit Konfitüre bestrichenen Kreise setzen.

TIPP:
Statt mit Puderzucker kannst du deine Spitzbuben auch mit einer bunt eingefärbten Zuckerglasur überziehen. Dazu den Puderzucker einfach mit etwas Zitronensaft und Lebensmittelfarbe anrühren.

VANILLEKIPFERL

LEICHT 60 1,5 H

ZUTATEN:

***150 g** Zucker*

***½** Vanilleschote*

***120 g** Mandeln*

***250 g** Mehl*

***200 g** Butter in Stücken*

***2** Eigelbe*

1 Zucker mit der halben Vanilleschote in den Mixtopf geben und **30 Sek/Stufe 10** pulverisieren und umfüllen.

2 Mandeln in den Mixtopf geben und **10 Sek/Stufe 10** mahlen

3 Mehl, Butter, Eigelbe und 100 g des Vanillezuckers dazugeben und **2 Min/Knetstufe** zu einem Teig verarbeiten.

4 Den Teig in Frischhaltefolie wickeln und 1 Stunde im Kühlschrank kühlen.

5 Aus dem Teig kleine Rollen formen, in ca 1,5 cm breite Stücke schneiden und Kipferl daraus formen.

6 Die Kipferl auf ein mit Backpapier belegtes Blech legen und bei 180°C Ober-/Unterhitze ca. 12 Minuten backen.

7 Nachdem die Kipferl aus dem Ofen kommen, sofort vorsichtig im restlichen Vanillezucker wälzen.

GEWÜRZSCHNITTEN

LEICHT 30 20 MIN

ZUTATEN:

320 g *Mehl*

½ Päckchen *Backpulver*

50 g *Kakao*

300 g *Zucker*

2 *Eier*

125 g *Butter*

2 EL *Lebkuchengewürz von Lucoma*

Guss:

100 g *Puderzucker*

2 EL *Arak*

1 Alle Zutaten (außer die für den Guss) in den Mixtopf geben und **5 Min/Knetstufe 4** durchkneten.

2 Backofen auf 200°C Ober-/Unterhitze vorheizen.

3 Den Teig auf einem (gefetteten) Backblech verteilen und für 15 Minuten bei 200°C backen.

4 Inzwischen für den Guss den Puderzucker mit 2 EL Arak und etwas Wasser vermischen, das fertige Gebäck in Schnitten schneiden und dann sofort den Guss über die noch heißen Schnitten verteilen. Mit Streuseln nach Geschmack verzieren.

ZIMTSTERNE

MITTEL | 4 | 80 MIN

ZUTATEN:

300 g *Zucker*

500 g *ungeschälte Mandeln*

2 EL *Zimt*

2 *Eiweiße*

2 EL *Amaretto oder Mandelsirup*

Glasur:

150 g *Puderzucker*

1 *Eiweiß*

1 300 g Zucker in den Mixtopf geben, **15 Sek/Stufe 10** pulverisieren und umfüllen.

2 Mandeln in den Mixtopf geben und **20 Sek/Stufe 10** mahlen.

3 200 g vom pulverisierten Puderzucker und den Zimt zugeben und dann **10 Sek./Stufe 7** vermischen.

4 2 Eiweiße und Amaretto zugeben und **15 Sek/Stufe 5** unterrühren. Den Teig umfüllen und in Frischhaltefolie etwa 1 Stunde kühlen.

5 Den Mixtopf gründlich spülen.

6 Für die Glasur den Puderzucker mit dem Eiweiß in den Mixtopf geben und **3 Min./Stufe 4** schaumig schlagen.

7 Den Backofen auf 160°C Ober-/Unterhitze vorheizen.

8 Den Teig portionsweise zwischen zwei Lagen Backpapier 1 cm dick ausrollen und Sterne ausstechen.

9 Die Sterne mit dem Guss bestreichen und auf ein mit Backpapier belegtes Blech setzen.

10 Im vorgeheizten Ofen auf der untersten Schiene etwa 15 Minuten backen. Herausnehmen, abkühlen lassen und genießen

HEIßE GETRÄNKE

NACH DEM WEIHNACHTLICHEN KIRCHENBESUCH ODER EINEM WINTERLICHEN SPAZIERGANG IST ES ZEIT, KÖRPER UND SEELE ZU WÄRMEN. MIT DEN REZEPTEN FÜR MEINE HEISSEN GETRÄNKE IST DAS KEIN PROBLEM! VERWÖHNE DEINE GÄSTE MIT DUFTENDEM GLÜHWEIN ODER HOCHPROZENTIGEM WEIHNACHTSLIKÖR UND IHR WERDET EUCH WIE AUF EINER BAYERISCHEN BERG-HÜTTE IN DEN VERSCHNEITEN ALPEN FÜHLEN!

NATÜRLICH SIND ALLE REZEPTE AUCH ALKOHOLFREI MÖGLICH. ERSETZE DEN GLÜHWEIN EINFACH DURCH KINDERPUNSCH UND WEISSWEIN DURCH WEISSEN TRAUBENSAFT. ÜBRIGENS GIBT ES INZWISCHEN AUCH ALKOHOLFREIE ALTERNATIVEN FÜR RUM UND ANDERE SPIRITUOSEN ZU KAUFEN.

TIPP:
Mit einer Zimtstange als Deko servieren.

LUCOMAS WEIHNACHTSLIKÖR

LEICHT | 1 L | 25 MIN

ZUTATEN:
400 g Sahne
200 g Milch
100 g Nougatschokolade
40 g Nuss-Nougat-Creme
1 Ei (Größe M)
1 TL Lebkuchengewürz
4 g Vanillearoma, flüssig
200 g Weinbrand
40 g brauner Rum

1 Sahne, Milch, Schokolade, Nuss-Nugat-Creme, Ei, Lebkuchengewürz und Vanillearoma in den Mixtopf geben. Alles **15 Sek/Stufe 10** zerkleinern und mischen.

2 Das Ganze **4 Min/80°C/Stufe 3,5** erhitzen.

3 Weitere **5 Min/70°C/Stufe 3,5** herunterschalten und währenddessen den Weinbrand und den Rum über den Deckel hineinlaufen lassen.

LUCOMAS WEIßER GLÜHWEIN

LEICHT | 1,3 L | 20 MIN

ZUTATEN:
700 g Weißwein
500 g Apfelsaft
40 g Punsch-Gewürzmischung
100 g brauner Zucker
1 Orange (ausgepresst)
1 TL Zimt
Honig nach Geschmack

1 Alle Zutaten in den Mixtopf geben und **20 Min/65°C/Sanftrührstufe/Linkslauf** erhitzen.

HEIßE LIEBE

LEICHT | 0,5 L | 40 MIN

ZUTATEN:

250 g *Malibu*
125 g *Apfelsaft*
125 g *Birnensaft*
4 EL *brauner Rum*
geschlagene Sahne für die Sahnehaube
etwas Zimt zur Dekoration

1 Alle Zutaten, bis auf Sahne und Zimt, in den Mixtopf geben und **10 Sek/Stufe 3** verrühren.

2 Alles **8 Min./70°C/Stufe 3,5** erhitzen.

3 Flüssigkeit in ein kleines Glas geben und mit der Schlagsahne verzieren.

4 Zimt darüberstreuen.

TIPP:
Wer keinen Apfel- oder Birnensaft mag, kann das eine mit dem anderen ersetzen.

LUCOMAS BRATAPFELLIKÖR

LEICHT | 1,3 L | 25 MIN

ZUTATEN:

1000 g *Apfelsaft naturtrüb*
300 g *Weißwein*
1 ½ TL *Bratapfelgewürz*
100 g *brauner Zucker*
60 g *Vanillezucker*
400 g *Calvados*
100 g *Amaretto*

1 Alle Zutaten bis auf den Calvados und Amaretto in den Mixtopf geben und **15 Min/Varoma/Stufe 1** erhitzen.

2 Auf ca. 50° C abkühlen lassen, Calvados und Amaretto zugeben und **20 Sek/50°C/Stufe 3,5** untermischen.

KULINARISCHE GESCHENKE

IN DEINEM THERMOMIX® KANNST DU AUCH KÖSTLICHE GESCHENKE UND KLEINE MITBRINGSEL ZUBEREITEN. ÜBERRASCHE DEINE LIEBEN ZUM BEISPIEL MIT SELBST GEMACHTEM MANDEL-SPEKULATIUS-AUFSTRICH ODER PIKANTEM CHRISTKINDL-CHUTNEY. LIEBEVOLL VERPACKT, ZUM BEISPIEL IN SAUBER AUSGESPÜLTEN, HÜBSCH VERZIERTEN GLÄSERN MIT SCHRAUBVERSCHLUSS, SIND SIE EIN HIGHLIGHT UNTERM TANNENBAUM.

MEIN TIPP: ICH SAMMLE DAS GANZE JAHR ÜBER LEERE GLASFLASCHEN UND MARMELADEN-GLÄSER – SOMIT BIN ICH BESTENS GERÜSTET, WENN ES AUF DIE WEIHNACHTSZEIT ZUGEHT UND ICH MIT MEINEM THERMOMIX® GESCHENKE AUS DER KÜCHE ZUBEREITE.

CHRISTKINDL-CHUTNEY

LEICHT | 4 | 60 MIN

ZUTATEN:

1 TL *Lebkuchengewürz*
1 *Lorbeerblatt*
2 TL *Salz*
4 *Prisen Pfeffer*
40 g *Butter*
500 g *rote Zwiebeln*
75 g *guter dunkler Balsamico-Essig*
100 g *Marsala-Wein*
100 g *Gelierzucker 3:1*
4 EL *Preiselbeeren*

1 Das Lebkuchengewürz, das Lorbeerblatt, Salz, Pfeffer und Butter in den Mixtopf geben und **2 Min/80°C/Stufe 2/Linkslauf** anschwitzen.

2 Die Zwiebeln schälen, in breite Streifen schneiden und in den Mixtopf geben. **3 Min/ Varoma/Stufe 2/Linkslauf** dünsten.

3 Marsala, Balsamico, Preiselbeeren und Gelierzucker dazu und **40 Min/100°C/ Stufe 1,5/Linkslauf** köcheln lassen.

SPEKULATIUS-MANDEL-AUFSTRICH

LEICHT | 2 GLÄSER | 15 MIN

ZUTATEN:

35 g *Mandeln*
300 g *Spekulatius-Kekse*
150 g *Kondensmilch, ungezuckert, 10 % Fett*
1 TL *Butter*
½ TL *Zimt, gemahlen*

1 Mandeln in den Mixtopf geben und fein mahlen **15 Sek/Stufe 10**. Danach umfüllen.

2 Spekulatius-Kekse in Stücke brechen und in den Mixtopf geben. Die Kondensmilch über die Spekulatius-Kekse gießen und ca. 10 Minuten einweichen.

3 Die gemahlenen Mandeln, den Zimt und die Butter zu den eingeweichten Spekulatius-Keksen in den Mixtopf geben und **5 Sek/Stufe 5** vermischen.

4 Dann **5 Sek/Stufe 10** mixen. Reste vom Mixtopfrand mit einem Spatel nach unten schieben und dann **20 Sek/Stufe 4** cremig rühren.

TIPP:
Vor dem Servieren noch mit gehackten Mandeln bestreuen.

LUCOMAS SPEKULATIUSLIKÖR

LEICHT | 4 | 10 MIN

***50 g** brauner Rum*

***50 g** Amaretto*

***350 g** Sahne*

***2,5 EL** Spekulatiusgewürz*

***3 gehäufte TL** Puderzucker*

***1 TL** Vanillearoma, flüssig*

1 Alle Zutaten in den Mixtopf geben und **30 Sek/Stufe 4** vermischen.

2 Danach **7 Min/50°C/Stufe 2,5** erhitzen.

NOTIZEN

NOTIZEN

NOTIZEN